무량공덕 3 　　　　　무비스님 편저

부
모
은
중
경

도서출판 장

독송(讀誦) 공덕문(功德文)

부처님은 범인(凡人)이 흉내 낼 수 없는 피나는 정진(精進)을 통해 큰 깨달음을 이루신 인류의 큰 스승이십니다. 그 깨달음으로 삶과 존재의 실상(實相)을 바르게 꿰뚫어 보시고 의미 있고 보람된 삶에 대하여 가르치셨습니다.

부처님의 가르침을 전하는 사람을 법사(法師)라고 하는데, 법화경(法華經) 법사품(法師品)에는 다섯 가지 법사에 대하여 설파하고 있습니다. 그 첫째는 경전을 지니고 다니는 사람, 둘째는 경전을 읽는 사람, 셋째는 경전을 외우는 사람, 넷째는 경전을 해설하는 사람, 다섯째는 경전을 사경하는 사람입니다. 이 중 한 가지만 하더라도 훌륭한 법사이며, "법사의 길을 행하는 사람은 부처님의 장엄(莊嚴)으로 장엄한 사람이며, 부처

님께서 두 어깨로 업어주는 사람이다." 라고 말씀하고 있으니 세상을 살아가면서 이보다 더 큰 보람과 영광이 어디에 있겠습니까?

　이번에 제작된 〈무량공덕 독송본〉은 항상 지니고 다니면서 읽고 베껴 쓸 수 있는 경전입니다. 부디 많은 분들이 이 인연 공덕에 함께 하시어 큰깨달음 이루시고 행복하시기를 기원합니다.

독송공덕수승행 무변승복개회향
讀誦功德殊勝行 無邊勝福皆廻向(독송한 그 공덕 수승하여라, 가없는 그 공덕 모두 회향하여)

보원침익제유정 속왕무량광불찰
普願沈溺諸有情 速往無量光佛刹(이 세상 모든 사람 모든 생명, 한량없는 복된 삶 누려지이다.)

불기2549(2005)년 여름안거
금정산 범어사　如天 無比 합장

4

불설대보부모은중경

佛說大報父母恩重經

요진삼장사문구마라습봉조역

姚秦三藏沙門鳩摩羅什奉詔譯

제일편 서분

第一編 序分

여시아문하오니 일시에 불이 재사위국왕사성

如是我聞 一時 佛 在舍衛國王舍城

기수급고독원하사 여대비구삼만팔천인과 보살

祇樹給孤獨園 興大比丘三萬八千人 菩薩

마하살중으로 구러시니

摩訶薩衆 俱

7

이시에 세존이 將領 장령대중하고 往詣南行 왕예남행하실새 見 견

一堆枯骨 일퇴고골하고 爾時如來 이시여래 五體投地 오체투지하사 禮拜枯骨 예배고골

하신대 阿難 아난과 大衆 대중이 白佛言 백불언하사대 世尊 세존이시여 如來 여래

는 是 시삼계대사요 三界大師 사생자부라 四生慈父 중인이 衆人 귀경커늘 歸敬 운 云

何 하예배고골이니잇고 禮拜枯骨

제이절 불인숙세

第二節 佛認宿世

불고아난하사대 佛告阿難

여수시오상족제자로 출가심원 汝雖是吾上足弟子 出家深遠

이나 知事未廣 지사미광이라

차일퇴고골이 혹시아전세옹조 此一堆枯骨 或是我前世翁祖

9

누세야양일새 累世爺孃

오금예배하노라 吾今禮拜

제삼절 이분문답

第三節 二分問答

불고아난하사대 佛告阿難 여장차일퇴고골하야 汝將此一堆枯骨 분작이분 分作二分

약시남자골두면 若是男子骨頭 백료우중하고 白了又重 약시여인골두 若是女人骨頭

흑료우경이니라 黑了又經 아난이 阿難 백불언하사대 白佛言 세존이시여 世尊

10

남인은 男人 재세에 在世 삼대화모로 衫帶靴帽 장과하면 裝裏 즉지시남아 卽知是男兒

지신이요 之身 여인은 女人 재세에 在世 농도적주연지하고 濃塗赤硃臙脂 난사로 蘭麝

장과하면 裝裏 즉지시여류지신이어니와 卽知是女流之身 여금사후에 如今死後 백 白

골은 骨 일반이어늘 一般 교제자로 教弟子 여하인득이니잇고 如何認得

불고아난하사대 佛告阿難 약시남인이면 若是男人 재세지시에 在世之時 입어 入於

가람하야 伽藍 청강송경하며 聽講誦經 예배삼보하고 禮拜三寶 염불명자일새 念佛名字

소이로 골두(所以骨頭) 백료우중(白了又重)하고 여인(女人)은 재세(在世)에 자정(恣情)

음욕(姪欲)하며 생남양녀(生男養女)하고 일회생개해아(一廻生箇孩兒)에 유출삼두(流出三斗)

삼승응혈(三勝凝血)하고 음양팔곡(飲孃八斛) 사두백유(四斗白乳)하나니 소이로골(所以骨)

두흑료우경(頭黑了又輕)이니라 아난(阿難)이 문어(聞語)하옵고 통할어심(通割於心)하야

수루비읍(垂涙悲泣)하며 백불언(白佛言)하사대 세존(世尊)이시여 모은덕자(母恩德者)를

운하보답(云何報答)하리잇고

12

第二章 歷陳恩愛

제이장 역진은애

第一節 彌月劬勞

제일절 미월구로

佛告阿難하사대 汝今諦聽諦聽하라 吾今爲汝하야

불고아난하사대 여금제청제청하라 오금위여하야

分別解說하리라 阿孃이 懷子十月之中에 極是辛苦이니라

분별해설하리라 아양이 회자시월지중에 극시신고이니라

阿孃一箇月의 懷胎는 恰如草頭上珠하야 保朝

아양일개월의 회태는 흡여초두상주하야 보조

불보모하나니 조신에 취장래라가 오시면 소산거니라

不保暮　早晨　聚將來　午時　消散去

아양양개월의 회태는 흡여박락응소니라

阿孃兩箇月　懷胎　恰如撲落凝蘇

아양삼개월의 회태는 흡여응혈이니라

阿孃三箇月　懷胎　恰如凝血

아양사개월의 회태는 초작인형이니라

阿孃四箇月　懷胎　稍作人形

아양오개월의 회태는 재양복중하야 생오포하나

阿孃五箇月　懷胎　在孃腹中　生五胞

하자명위오포어뇨 두위일포요 양주위삼포요

何者名爲五胞　頭爲一胞　兩肘爲三胞

니

14

兩膝爲五胞

양슬위오포니라

阿孃六箇月 懷胎 孩兒在孃服中 六精

아양육개월의 회태에 해아재양복중하야 육정

開 何者名爲六精 眼爲一精 耳爲

이개하나니 하자명위육정이어뇨 안위일정이요 이위

二精 鼻爲三精 口是四精 舌是五精

이정이요 비위삼정이요 구시사정이요 설시오정이요

意爲六精

의위육정이니라

阿孃七箇月 懷胎 孩兒在孃腹中 生三

아양칠개월의 회태에 해아재양복중하야 생삼

백육십골절(百六十骨節)과 팔만사천모공(八萬四千毛孔)이니라

아양팔개월(阿孃八箇月)의 회태(懷胎)는 생기의지(生其意智)하며 장기구규(長其九竅)하나니라

아양구개월(阿孃九箇月)의 회태(懷胎)에 해아재양복중(孩兒在孃腹中)하야 끽식(喫食)

불찬도리산과(不湌桃梨蒜菓)와 오곡음미(五穀飮味)하나니 아양(阿孃)의 생장(生藏)호대

은 향하(向下)하고 숙장(熟藏)은 향상(向上)하야 유일좌산(有一座山)호대 차산(此山)이

유삼반명자하며 有三般名字 일호는 一號 수미산이요 須彌山 이호는 二號 업산 業山

이요 삼호는 三號 혈산차산이 血山此山 일도붕래에 一度崩來 화위일조응 化爲一條凝

血 혈하야 유입해아구중하나니라 流入孩兒口中

아양십개월의 阿孃十箇月 회태에 懷胎 방내강생하나니 方乃降生 약시효 若是孝

순지남이면 順之男 경권합장이생하야 擎拳合掌而生 불손아양이요 不損阿孃 약시 若是

오역지자면 五逆之子 벽파아양포태하고 擘破阿孃胞胎 수반아양심간하며 手攀阿孃心肝

각답아양과골하야 교양여천도교복하고 흡사만인

脚踏阿孃胯骨 敎孃如千刀攪腹 恰似萬刀

讚心하나니 여사통고로 생득차신호대 유유십은이

讚心 如斯痛苦 生得此身 猶有十恩

니라

제이절 십게찬송

제일은 회탐수호은이니 송왈

第一 懷耽守護恩 頌曰

누겁인연중하야 금래탁모태로다
累劫因緣重 今來託母胎

월유생오장이요 칠칠육정개로다
月逾生五臟 七七六精開

체중여산악이요 동지겁풍재로다
體重如山岳 動止怯風災

나의도불괘하고 장경야진애로다
羅衣都不掛 裝鏡惹塵埃

제이는 임산수고은이니 송왈
第二 臨産受苦恩 頌日

회경십개월에 산난욕장림이라
懷經十箇月 産難欲將臨

조조여중병이요 朝朝如重病 일일사혼침을 日日似惛沈

황포난성기라 惶怖難成記 수루만흉금을 愁淚滿胸襟

함비고친족호대 含悲告親族 유구사래침을 猶懼死來侵

第三 제삼은 生子忘憂恩 생자망우은이니 頌曰 송왈

慈母生君一 자모생군일에 五臟摠開張 오장총개장이라

身心俱悶絕 신심구민절하고 流血似屠羊 유혈사도양을

20

생이문아건하면 환희배가상을
生已聞兒健 歡喜倍加常

희정비환지라 통고철심장을
喜定悲還至 痛苦徹心腸

第四 제사는 인고토감은이니 송왈
咽苦吐甘恩 頌曰

부모은심중하야 은련무실시로다
父母恩深重 恩憐無失時

토감무소식이요 인고불빈미로다
吐甘無所食 咽苦不嚬眉

애중정난인이요 은심부배비로다
愛重情難忍 恩深復倍悲

단령해자포라 자모불사기로다
但令孩子飽 慈母不辭飢

第五 제오는 회건취습은이니 송왈
回乾就濕恩 頌曰

모자신구습호대 장아이취건을
母自身俱濕 將兒以就乾

양유충기갈하고 나수엄풍한을
兩乳充飢渴 羅袖掩風寒

은련항폐침하고 총롱진능환을
恩憐恒廢寢 寵弄盡能歡

단령해자온하고 자모불구안을
但令孩子穩 慈母不求安

제육은 유포양육은이니 송왈은

乳哺養育恩 頌曰

자모상어지요 엄부배어천을

慈母象於地 嚴父配於天

부재은장등이라 부양의역연을

覆載恩將等 父孃意亦然

부증무안목하고 불혐수족련을

不憎無眼目 不嫌手足攣

탄복친생자라 종일석겸련을

誕腹親生子 終日惜兼憐

제칠은 세탁부정은이니 송왈

洗濯不淨恩 頌曰

억석미용질이 憶昔美容質

자미심풍농이라 姿媚甚豊濃

미분취류색하고 眉分翠柳色

양검탈연홍터니 兩臉奪蓮紅

은심최옥모오 恩深摧玉貌

세탁손반룡을 洗濯損盤龍

지위연남녀라 只爲憐男女

자모개안용을 慈母改顔容

제팔은 원행억념은이니 송왈
第八 遠行憶念恩 頌曰

사별성난망인대 생리실역상을
死別誠難忘 生離實亦傷

24

자출관산외에 모의재타향을
子出關山外 母意在他鄉

일야심상축하니 유루수천행을
日夜心相逐 流淚數千行

여원읍애자하야 억념단간장을
如猿泣愛子 憶念斷肝腸

제구는 위조악업은이니 송왈
第九 爲造惡業恩 頌曰

부모강산중이라 은심보실난을
父母江山重 恩深報實難

자고원대수하고 아로모불안을
子苦願代受 兒勞母不安

문도원행거에 行遊夜臥寒을

聞道遠行去

행유야와한을

남녀잠신고라도 장사모심산을

男女暫辛苦

長使母心酸

제십은 **구경련민은**이니 송왈

第十 究竟憐愍恩 頌曰

부모은심중하야 은련무헐시로다

父母恩深重

恩憐無歇時

기좌심상축하고 원근의상수라

起坐心相逐

遠近意常隨

모년일백세에 상우팔십아로다

母年一百歲

常憂八十兒

욕지은애단인대 명진시분리로다
欲知恩愛斷 命盡始分離

제삼장 광설업난
第三章 廣說業難

제일절 지수제건
第一節 指數諸愆

불고아난하사대 아관중생하니 수소인품이나 심
佛告阿難 我觀重生 雖紹人品 心

행이 우몽하야 불사야양의 유대은덕하고 불생공
行 愚蒙 不思爺孃 有大恩德 不生恭

경(敬)하며 기은배덕(棄恩背德)하야 무유인자(無有仁慈)하고 불효불의(不孝不義)로다

아양회자시월지중(阿孃懷子十月之中)에 기좌불안(起坐不安)하야 여경중담(如擎重擔)하며

음식불하(飲食不下)하야 여장병인(女長病人)이라가 월만생시(月滿生時)에 수(受)하며

제고통(諸苦痛)하며 수유호오(須臾好惡) 공위무상(恐爲無常)하며 여살저양(如殺猪羊)하야

혈류변지(血流遍地)하며 수여시고(受如是苦)하야 생득차신(生得此身)하고 인고토(咽苦吐)

감(甘)하야 포지양육(抱持養育)하며 세탁부정(洗濯不淨)하야 불탄구로(不憚劬勞)하며

인열인한(忍熱忍寒)하야 불사신고(不思辛苦)하며 건처(乾處)는 아와(兒臥)하고 습처(濕處)

는 모면(母眠)하며 삼년지중(三年之中)에 음모백혈(飲母白血)하고 영해동자(嬰孩童子)로

내지성년(乃至盛年)하면 장교예의(獎教禮義)하고 혼가관학(婚嫁官學)에 비구자업(備求資業)

하며 휴하간신(携荷艱辛)하야 근고지종(勤苦之終)이라도 불언은절(不言恩絶)하며 남(男)

녀유병(女有病)이면 부모병생(父母病生)하고 자약병유(子若病愈)하면 자모방차(慈母方差)

하며 여사양육(如斯養育)하야 원조성인(願早成人)이라가 급기장성(及其長成)하야는

29

반위불효 反爲不孝 하야 존친공어 尊親共語 에 응대앙강 應對塰降 하며 요안려정 拗眼戾睛

기릉백숙 欺凌伯叔 하고 타매형제 打罵兄第 하고 웨욕친정 殷辱親情 하야 무 無

유예의 有禮義 하고 부준사범 不遵師範 하며 부모교령 父母敎令 을 원불의종 元不依從

형제공언 兄第共言 에 고상요려 故相拗戾 하며 출입왕래 出入往來 에 불계 不啓

존인 尊人 하며 언행 言行 이 고소 高踈 하야 천의위사 擅意爲事 에 부모훈벌 父母訓罰

백숙 伯叔 이 어비 語非 어늘 동유 童幼 라 연민 憐愍 하야 존인 尊人 이 차 遮

호라가 **점점장성**하야는 **낭려부조**하야 **불복휴위**하고
護　　漸漸長成　　　　狠戾不調　　　不伏虧違

반생진한하며 **기제친우**하고 **붕부악인**하며 **습이성**
反生嗔恨　　　棄諸親友　　　朋附惡人　　　習已性

성에 **수위광계**하며 **피인유인**하야 **도찬타향**하야 **위**
成　遂爲狂計　　　被人誘引　　　逃竄他鄕　　　違

배야양하고 **이가별관**하며 **혹인경기**하고 **혹위정행**
背爺孃　　　離家別貫　　　或因經紀　　　或爲征行

하야 **임염인순**타가 **편위혼취**하면 **유사유애**하야 **구**
荏苒因循　　　便爲婚娶　　　由斯留礙　　久

불환가하며 **혹재타향**에 **불능근신**타가 **피인모점**
不還家　　　或在他鄕　　　不能謹愼　　　被人謀點

31

하야

횡사구견 하며 橫事鉤牽

왕피형책 하야 枉被刑責

뇌옥가쇄 하며 或 牢獄伽鎖

조병환 하야 遭病患

액난 이 영전 하며 厄難 榮纏

곤고기리 호대 무인간 困苦飢羸 無人看

시 하고 侍

피타혐천 하야 被他嫌賤

의기가구 하며 倚棄街衢

인차명종 호대 因此命終

백골 하야 白骨

무인구료 하야 無人救療

팽창란괴 어든 膨脹爛壞

일포풍취 하야 日曝風吹

표령 이 飄零

기타향토 하나니 寄他鄉土

편여친족으로 便與親族

환회장괴 로다 歡會長乖

부모 는 父母

심수 하야 心隨

영회우념 하며 永懷憂念

혹인제혈 하야 或因啼血

안 眼

암목맹(闇目盲)하며 혹위비애(或爲悲哀)하야 기인성병(氣咽成病)하며 혹연억자(或緣憶子)

하야 쇠변사망(哀變死亡)하야 작귀포혼(作鬼抱魂)에 부증할사(不曾割捨)하니라

혹부문자(或復聞子)ㅣ 불숭효의(不崇孝義)하고 붕축이단(朋逐異端)하며 무뢰추(無賴麤)

완(頑)하야 호습무익(好習無益)하며 투타절도(鬪打竊盜)하야 촉범향려(觸犯鄉閭)하며

음주저포(飮酒樗蒲)하야 간비과실(奸非過失)로 대루형제(帶累兄弟)하고 뇌란야양(惱亂爺孃)

하며 신거모환(晨去暮還)에 존친(尊親)이 우념(憂念)호대 부지부모(不知父母)의 동(動)

지한온止寒溫하야 회삭조포晦朔朝哺에 영괴부시永乖扶侍하고 부모연매父母年邁하야

형모쇠리形貌衰羸하면 수치견인羞恥見人하야 진가기억嗔阿欺抑하니라

혹부부고모과或復父孤母寡하야 독수공당獨守空堂하면 유약객인猶若客人이 기寄

주타사住他舍하야 상석진토床席塵土를 불식무시拂拭無時하며 참문기거參問起居를

종사단절從斯斷絶하며 한온기갈寒溫飢渴을 증불문지曾不聞知하야 주야항상晝夜恒常

에 자차자탄自嗟自歎하며 응뢰찬물應賚饌物하야 공양존친供養尊親은 매사每詐

34

수참하야 이인괴소라하고 혹지시식하야 공급처아엔

羞慚　異人怪笑　或持時食　供給妻兒

추졸피로를 무피수치하며 처첩약속은 매사의종

醜拙疲勞　無避羞恥　妻妾約束　每事依從

하고 존자진갈은 전무외구하니라

尊者嗔喝　全無畏懼

혹부시녀ㅣ 통배타인하면 미가지시는 함개효

或復是女　通配他人　未嫁之時　咸皆孝

순타가 혼가이흘에 불효수증하야 부모미진에도 즉

順婚嫁已訖　不孝遂增　父母微嗔　即

생원한하고 부서타매는 인수감심하며 이성타종은

生怨恨　夫婿打罵　忍受甘心　異姓他宗

정심권중(情深眷重)하고 자가골육(自家骨肉)은 각이위소(却已爲疎)하며 혹수부(或隨夫)

서외군타향(婚外郡他鄉)하면 이별야양(離別爺孃)호대 무심연모(無心戀慕)하며 단절(斷絕)

소식(消息)하고 음신(音信)이 불통(不通)하야 영사야양(令使爺孃)으로 현장괘두(懸腸掛肚)

하야 상이도현(常已倒懸)하며 매사견면(每思見面)을 여갈사장(如渴思漿)하야 무유(無有)

휴식(休息)하나니 부모은덕(父母恩德)은 무량무변(無量無邊)이요 불효지건(不孝之愆)은

졸진난보(卒陳難報)니라

이시대중이 爾時大衆 문불소설부모은덕하고 聞佛所說父母恩德 거신투지 舉身投地

하야 渾堆自撲 혼퇴자박하니 身毛孔中 신모공중에 悉皆流血 실개유혈이라 悶絕 민절

벽지양구내소하야 辟地良久乃蘇 고성창언호대 高聲唱言 고재통재라 苦哉痛哉 아등 我等

이금자에 今者 심시죄인이어늘 深是罪人 종래미각하야 從來未覺 명약야유 冥若夜遊

금오지비하며 今悟知非 심담이 心膽 구쇄라 俱碎 유원세존은 惟願世尊 애 哀

민구발하소서 慇救拔 운하보득부모심은이리닛고 云何報得父母深恩

제이절 원유팔종

이시여래ㅣ 즉이팔종심중범음으로 고제대중
하사대

爾時如來 卽以八種深重梵音 告諸大衆

여등은 당지하라 오금위여하야 분별해설하리라

汝等 當知 吾今爲汝 分別解說

가사유인이 좌견담부하고 우견담모하야 연피

假使有人 左肩擔父 右肩擔母 研皮

지골하고 골천지수토록 요수미산을 경백천잡이라도

至骨 骨穿至髓 遶須彌山 經百千匝

유불능보부모심은이니라

猶不能報父母深恩

38

가사유인이 假使有人 기조근겁하야 飢遭饉劫 위어야양하야 爲於爺孃 진기기 盡其己

신토록 身 연할쇄괴를 臠割碎壞 유여미진하야 猶如薇塵 경백천겁이라도 經百千劫

유불능보부모심은이니라 猶不能報父母深恩

가사유인이 假使有人 수집이도하고 手執利刀 위어야양하야 爲於爺孃 할기 割其

안정하야 眼睛 헌어여래를 獻於如來 경백천겁이라도 經百千劫 유불능보부 猶不能報父

모심은이니라 母深恩

39

간하야 혈류편지호대 불사통고를 경백천겁이라도
肝 血流遍地 不辭痛苦 經百千劫

가사유인이 위어야양하야 역이이도로 할기심
假使有人 爲於爺孃 亦以利刀 割其心

유불능보부모심은이니라
猶不能報父母深恩

가사유인이 위어야양하야 백천도륜으로 어자신
假使有人 爲於爺孃 百千刀輪 於自身

중에 좌우출입하야 경백천겁이라도 유불능보부모
中 左右出入 經百千劫 猶不能報父母

심은이니라
深恩

가사유인이 위어야양하야 체괘신등하야 공양

假使有人 爲於爺孃 體掛身燈 供養

여래를 경백천겁이라도 유불능보부모심은이니라

如來 經百千劫 猶不能報父母深恩

가사유인이 위어야양하야 타골출수하며 백천

假使有人 爲於爺孃 打骨出髓 百千

봉극으로 일시자신을 경백천겁이라도 유불능보부

鋒戟 一時刺身 經百千劫 猶不能報父

모심은이니라

母深恩

가사유인이 위어야양하야 탄열철환을 경백천

假使有人 爲於爺孃 吞熱鐵丸 經百千

劫 겁하야 遍身憔爛 편신초란이라도 猶不能報父母深恩 유불능보부모심은이니라

第四章 제사장 果報顯應 과보현응

第一節 제일절 啓發懺修 계발참수

爾時 이시에 大衆 대중이 聞佛所說父母恩德 문불소설부모은덕하고 垂淚悲 수루비

泣 읍하며 白佛言 백불언하사대 世尊 세존이시여 我等 아등이 今者 금자에 深 심

是罪人

시죄인이라 운하보득부모심은이리라

云何報得父母深恩

佛告弟子

불고제자하사대 욕득보은인대 위어부모하야 서

欲得報恩　爲於父母　書

寫此經

사차경하며 위어부모하야 독송차경하며 위어부모

爲於父母　讀誦此經　爲於父母

하야 懺悔罪愆

참회죄건하며 위어부모하야 공양삼보하며 위

爲於父母　供養三寶　爲

於父母

어부모하야 수지재계하며 위어부모하야 보시수복

受持齋戒　爲於父母　布施修福

이니 약능여시면 즉명위효순지자요 부작차행이면

若能如是　則名爲孝順之子　不作此行

第二節 阿鼻墮苦

제이절 아비타고

불고아난하사대 佛告阿難 불효지인은 不孝之人 신괴명종에 타아 身壞命終 墮阿

비무간지옥하나니 鼻無間地獄 차대지옥은 此大地獄 종광이 팔만유순 縱廣 八萬由旬

이요 四面鐵城 사면철성에 주회나망하고 周廻羅網 기지는 其地 적철이 성 赤鐵 盛

44

화동연하야 맹렬염로 뇌분전삭하고 양동철즙으로

火洞燃　猛烈炎爐　雷奔電爍　洋銅鐵汁

유관죄인하며 철사동구는 항토연염하야 욱소자자

流灌罪人　鐵蛇銅狗　恒吐烟炎　燠燒煮炙

하며 지고초연하야 고통애재라 난감난인하며 철장

脂膏燋然　苦痛哀哉　難堪難忍　鐵鏘

철찬과 철추철극과 검인도륜이 여우여운으로 공

鐵串　鐵鎚鐵戟　劍刀刀輪　如雨如雲　空

중이하야 혹참혹자에 고벌죄인하야 역겁수앙

中而下　或斬或刺　苦罰罪人　歷劫受殃

호대 무시간헐하며 우령경입지옥중하야 두대화분

無時間歇　又令更入地獄中　頭戴火盆

45

하고 鐵車分裂 철거분열하면 腸肚骨肉 장두골육이 燋爛縱橫 초란종횡하야 一 일

日之中 일지중에 千生萬死 천생만사하나니 受如是苦 수여시고는 皆因前身 개인전신

의 五逆不孝 오역불효일새 故獲斯罪 고획사죄니라

第三節 제삼절 上界快樂 상계쾌락

爾時 이시에 大衆 대중이 聞佛所說父母恩德 문불소설부모은덕하고 垂淚悲 수루비

읍하야 고어여래 호대 아등은 금자 운하보득부모
泣 告於如來 我等 今者 云何報得父母

심은이닛고 불고제자 하사대 욕득보은인대 위어부모
深恩 佛告弟子 欲得報恩 為於父母

중흥경전하면 시진보득부모은야니 능조일권
重興經典 是眞報得父母恩也 能造一卷

득견일불하고 능조십권하면 득견십불하고 능
得見一佛 能造十卷 得見十佛 能

조백권하면 득견백불하고 능조천권하면 득견천불
造百卷 得見百佛 能造千卷 得見千佛

하고 능조만권하면 득견만불이니 연차등인의 조경
能造萬卷 得見萬佛 緣此等人 造經

력고_로 시제불등_이 상래옹호_{하야} 영사기인부모
(力故 是諸佛等 常來擁護 令使其人父母)

득생천상_{하야} 수제쾌락_{하고} 영리지옥고_{하느니라}
(得生天上 受諸快樂 永離地獄苦)

제삼편 유통분
第三編 流通分

제일장 팔부서원
第一章 八部誓願

이시대중_에 아수라_와 가루라_와 긴나라_와 마
(爾時大衆 阿修羅 迦樓羅 緊那羅 摩)

후라가와 인비인등과 천룡야차건달바와 급제소
睺羅伽 人非人等 天龍夜叉乾闥婆 及諸小

왕과 전륜성왕시제대중이 문불소설하고 각발원
王 轉輪聖王是諸大衆 聞佛所說 各發願

언호대 아등이 진미래제토록 녕쇄차신을 유여미
言 我等 盡未來際 寧碎此身 猶如微

진하야 경백천겁이라도 서불위어여래성교하며 영
塵 經百千劫 誓不違於如來聖教 寧

이백천겁에 발출기설을 장백유순하야 철리경지에
以百千劫 拔出其舌 長百由旬 鐵犁耕之

혈류성하라도 서불위어여래성교하며 영이백천도
血流成河 誓不違於如來聖教 寧以百千刀

49

륜(輪)으로 어자신중(於自身中)에 좌우출입(左右出入)이라도 서불위어여래(誓不違於如來)

성교(聖敎)하며 영이철망(寧以鐵網)으로 주잡전신(周匝纏身)하야 경백천겁(經百千劫)이라도 서불위어여래(誓不違於如來)

성교(聖敎)하며 영이좌대(寧以剉碓)로 참쇄기신(斬碎其身)을 경백천겁(經百千劫)

백천만단(百千萬斷)하야 피육근골(皮肉觔骨)이 실개영락(悉皆零落)을 경백천겁(經百千劫)

이라도 종불위어여래성교(終不違於如來聖敎)하오리다

第二章 佛示經名

제이장 불시경명

爾時阿難이 白佛言하사대 世尊

이시아난이 백불언하사대 세존이시여 차경을 당

何名之 云何奉持

하명지며 운하봉지하리닛고

佛告阿難하사대 此經은 名爲大報父母恩重經

불고아난하사대 차경은 명위대보부모은중경

已是名字로 汝當奉持

이니 이시명자로 여당봉지니라

제삼장 인천봉지

第三章 人天奉持

爾時大衆 天人阿修羅等 聞佛所說 皆

이시대중에 천인아수라등이 문불소설하고 개

大歡喜 信受奉行 作禮而退

대환희하야 신수봉행하고 작례이퇴하니라

◇ 보부모은진언

報父母恩眞言

나모 삼만다 못다남 옴 아아나 사바하

◇ 왕생진언

往生眞言

나모 삼만다 못다남 옴 싯데율이 사바하

불설대보부모은중경 종

佛說大報父母恩重經 終

53

한글 부모은중경 [佛說大報父母恩重經]

무비 스님

제1편 이 경을 설한 인연 [序分]

이와 같이 나는 들었습니다.

한때 부처님께서 사위국의 왕사성에 있는 기수급고독원에서 대비구 3만 8천 명과 여러 보살마하살과 함께 계셨습니다.

제2편 마른 뼈의 가르침 [正宗分]

제1장 은혜에 보답하는 것도 인연 [報恩因緣]

제1절 여래께서 엎드려 땅에 절함 [如來頂禮]

이 때에 부처님께서 대중들과 함께 남방으로 가시다가 한 무더기의 마른 뼈를 보셨습니다. 그때 부처님께서는 땅에 엎드리시며 마른 뼈에 예배를 드리셨습니다. 이를 보고 아난과 대중이 부처님께 여쭈었습니다.

"세존이시여, 여래께서는 삼계의 큰 스승이며, 사생(四生)의 자비로운 아버지이시며, 여러 사람들이 귀의해 존경하옵는데 어찌하여 마른 뼈에 예배를 하시옵니까?"

제2절 전생을 말함[佛認宿世]

부처님께서 아난에게 말씀하셨습니다.

"네가 비록 나의 뛰어난 제자이고, 출가한 지도 오래되었지만 아직 널리 깨닫지 못하는구나. 이 한 무더기의 마른 뼈가 혹시 나의 전생의 오랜 조상이나 부모님의 뼈일 수도 있기에 내가 지금 예배를 드리는 것이니라."

제3절 두 가지로 나눔[二分問答]

부처님께서 다시 아난에게 말씀하셨습니다.

"아난아, 네가 이제 한 무더기의 마른 뼈를 둘로 나누어 보아라. 만일 남자의 뼈라면 희고 무거울 것이요, 만약 그것이 여자의 뼈라면 검고 가벼울 것이니라."

아난은 의문이 풀리지 않아 부처님께 다시 여쭈었습니다.

"세존이시여, 남자는 이 세상에 살아 있을 때 큰옷을 입고 띠를 매고 신을 신고 모자를 쓰고 다니기 때문에 남자의 몸인 줄 압니다. 또한 여자는 세상에 살아 있을 때 연지와 곤지를 곱게 바르고 좋은 향기를 풍기고 다니기 때문에 여인의 몸인 줄 알게 됩니다. 그러나 지금처럼 죽은 후의 백골은 모두 같은데, 저로 하여금 어떻게 구별해 보라고 하시옵니까?"

부처님께서 아난에게 말씀하셨습니다.

"만약 남자라면 세상에 있을 때에 절에 가서 강의도 듣고 경도 외우며, 삼보에 예배하고 부처님의 이름도 생각했을 것이다. 그러므로 뼈는 희고 또한 무거울 것이다. 그러나 반대로 여자라면 세상에 있을 때 음욕에만 뜻을 두고, 아들 딸을 낳고 기르는 데 있어, 한 번 아이를 낳을 때마다 서 말 서 되나 되는 엉킨 피를 흘리며, 자식에게 여덟 섬 너 말이나 되는 흰 젖을 먹여야 한다. 그런 까닭으로 뼈가 검고 가벼울 것이다."

아난이 이 말씀을 듣고 어머님 생각에 가슴을 마치 칼로 도려낸 듯한 아픔에 슬프게 눈물을 흘리며 부처님께 여쭈었습니다.

"세존이시여, 어머니의 은덕을 어떻게 보답해야 되겠습니까?"

제2장 낳으시고 기르신 은혜[歷陳恩愛]

제1절 잉태했을 때의 고생[彌月劬勞]

부처님께서 아난에게 말씀하셨습니다.

"이제부터 자세히 똑똑히 듣고, 또 자세히 들어라. 내가 너를 위하여 소상하게 구분해서 말해주겠느니라. 어머니가 아이를 갖게 되면 열 달 동안 그 고통과 수고가 많으니라. 어머니가 아이를 잉태한 지 첫달이 되면 그 태아는 마치 풀잎에 맺힌 이슬과 같아서 아침에는 있었다가 저녁에는 없어질 수도 있다. 이는 이른 새벽에는 피가 모여들었다가 낮이 되면 흩어지기 때문이다.

어머니가 잉태한 지 두 달이면 마치 엉킨 우유처럼 되느니라.

어머니가 잉태한 지 셋째 달이 되면 태아가 마치 엉킨 피와 같다.

어머니가 잉태한 지 넷째 달이 되면 점차로 사람의 형상을 이루느니라.

어머니가 잉태한 지 다섯 달이 되면 어머니의 뱃속에서 오포가 생기게 된다. 이 오포란 머리, 두 팔과 두 무릎을 합하여 모두 다섯 부분이 되느니라.

어머니가 잉태한 지 여섯 달이 되면 아이가 어머니 뱃속에서 여섯 가지 육정(六精)이 열리게 되느니라. 여섯 가지 정이란, 첫째 눈이요, 둘째는 귀이며, 셋째는 코이며, 넷째 입이고, 다섯째 혀이며, 여섯째는 뜻(마음)을 말하느니라.

어머니가 잉태한 지 일곱 달이 되면 아이가 어머니 뱃속에서 3백 6십 뼈마디와 8만 4천의 털구멍이 생기게 되느니라.

어머니가 잉태한 지 여덟 달이 되면 그 의식과 지혜가 생기고, 또한 아홉 개의 구멍이 뚜렷하게 되느니라.

어머니가 잉태한 지 아홉 달이 되면 아이가 어머니의 뱃속에서 무엇인가를 먹게 된다. 그러나 복숭아·배·마늘은 먹지 않고 오곡(五穀)만을 먹어야 하느니라.

어머니의 생장(生藏)은 아래로 향하고, 숙장(熟藏)은 위로 향한 사이에 한 산이 있는데 세 가지 이름을 갖느니라. 한 이름은 수미산이요, 또 한 이름은 업산이요, 또 다른 이름은 혈산이다. 이 산이 한번 무너지게 되면 한 덩어리의 엉킨 피가 되어 태아의 입속으로 흘러들게 되느니라.

어머니가 잉태한 지 열 달이 되면 비로서 태어나게 되는데 만일 효순(孝順)할 자식이라면, 두 손을 모아 합장하고 나오므로 어머니의 몸을 상하지 않게 한다. 그러나 만일 오역(五逆)의 죄를 범할 자식이면 어머니의 아기집을 찢고, 손으로는 어머니의 심장이나 간을 움켜쥐며, 발로는 어머니의 골반을 밟아 어머니로 하여금 마치 1천 개의 칼로 쑤시며 1만 개의 송곳으로 심장을 쑤시는 것처럼 고통을 주게 되느니라. 이처럼 고통을 주고 이몸 받아 생을 얻었음에도 그 위에 오히려 아직도 열 가지 은혜가 또 있느니라."

제2절 열 가지 게로 찬송함[十偈讚頌]

첫째, 몸에 품어 보호해주신 은혜[懷耽守護恩]

여러 겁이 거듭하여 온 무거운 인연으로
이제 이승에 와서 어머니 모태에 들었네
날이 지나면서 오장이 생겨나고
일곱 달이 되어 육정이 열렸네
몸은 무겁기가 태산과 같고
거동할 때마다 찬바람과 재앙 조심하며
좋은 비단옷 두고도 입지 않으시고

매일 단장하던 화장대에는 먼지만 쌓였네

둘째, 낳으실 때 고통받으신 은혜[臨産受苦恩]
잉태하시어 열 달이 지나니
어려운 해산날이 다가오네
매일 아침마다 흡사 중병 든 사람같고
날마다 정신마저 흐려지고
두려움을 어찌 다 기억하며
근심의 눈물은 가슴을 적시네
슬픈 빛을 띠우고 주위에 하는 말
이러다가 죽지 않을까 겁이 나네

셋째, 자식 낳고 근심을 잊으신 은혜[生子忘憂恩]
자애로운 어머니가 그대를 낳던 날
오장이 모두 찢기고 벌어졌네
몸과 마음이 함께 기절하였고
피 흘린 자리가 양을 잡은 듯하네

낳은 아이 건강하다는 말 듣고

그 기쁨이 배로 되었네

기쁨이 가라앉자 다시 슬픔이 오면서

아픔이 심장까지 사무쳐 오네

넷째, 쓴것 삼키고 단것 뱉아 먹이는 은혜[咽苦吐甘恩]

무겁고 깊으신 부모님 은혜

베푸시고 사랑하심은 한시도 변함없이

단것은 다 뱉으시니 잡수실 것 무엇이며

쓴것만을 삼키셔도 싫어함이 없으시네

사랑이 무거우니 정을 참기 어렵고

은혜가 깊으니 슬픔만 더해지네

다만 아이가 배 부르기만을 바라시고

자애로운 어머니는 굶주려도 만족하시네

다섯째, 진자리 마른자리 가려 누이는 은혜[廻乾就濕恩]

어머니 당신은 젖은 자리 누우시고

64

아이는 안아서 마른 자리 찾아 뉘시네

두 젖을 먹여 목마름을 채워 주시고

고운 옷소맷자락으로는 찬바람 막아 주시네

아이 걱정에 밤잠을 설치셔도

아이 재롱으로 기쁨을 누리시네

오직 하나 아이만을 편하게 하시고자

자애로운 어머니는 불편도 마다 않으시네

여섯째, 젖을 먹여 길러주신 은혜[乳哺養育恩]

어머니의 깊은 사랑 땅과 같고

아버지의 높은 은혜 하늘과 같네

하늘과 땅과 같은 깊고 높은 마음

부모님 마음 또한 그와 같아서

눈이 없다 해도 미워하는 마음이 없고

손발이 불구라 해도 귀여워하시네

내 몸 속에서 키워 낳으신 까닭에

온 종일 아끼시며 사랑하시네

일곱째, 손발이 닳도록 깨끗이 씻어준 은혜[洗濯不淨恩]

지난날 고우시던 옛 얼굴

아름답고 소담하시던 그 모습

푸른 눈썹은 버들잎 같았고

붉은 두 뺨은 연꽃빛을 안은 듯

은혜가 더할수록 그 모습은 여위셨고

씻기고 빨다 보니 손발이 거칠어지네

자식만을 생각하는 끝없는 노고

어머니의 얼굴에 잔주름만 늘었네

여덟째, 먼길 떠나면 걱정하시는 은혜[遠行憶念恩]

죽어서 이별이야 말할 것도 없고

살아서 생이별 또한 고통스러운 것

자식이 집 떠나 멀리 나가면

어머니의 마음 또한 타향에 가 있네

낮이나 밤이나 자식 뒤쫓는 마음

흐르는 눈물은 천 줄기 만 줄기

새끼를 사랑하는 어미원숭이 울음처럼
자식 생각에 애간장 다 끊어지네

아홉째, 자식 위해 애쓰시는 은혜[爲造惡業恩]
부모님 은혜 강산같이 소중하여
갚고 갚아도 참으로 갚기 어려워라
자식의 괴로움 대신 받기 원하시고
자식이 고생하면 부모 마음 편치 않네
자식이 먼길 떠났다는 말 듣기만 해도
행여나 가는 길 밤추위 실로 걱정되네
아들딸의 고생은 잠시건만
어머니 마음은 오래도록 아프다네

열째, 끝까지 사랑하시는 은혜[究竟憐愍恩]
깊고 무거운 부모님의 크신 은혜
베푸신 큰 사랑 잠시도 그칠 새 없네
앉으나 서나 마음을 놓치 않고

멀거나 가깝거나 항상 함께 하시네

어머님 연세 백 세가 되어도

팔십된 자식을 걱정하시네

보모님의 이 사랑 언제 그치리이까

이 목숨 다하면 비로소 떠나시려나

제3장 은혜를 잊어버리는 불효[廣設業難]
제1절 여러 가지 죄악을 제시[指數諸愆]

부처님께서 다시 아난에게 말씀하셨습니다.

"내가 중생을 보니 비록 사람의 인품은 이어받았으나 마음과 행동이 어리석고 어두워서 부모님의 크신 은혜와 덕을 알지 못하느니라. 그래서 부모를 공경하는 마음을 잃고 은혜를 버리고 덕을 배반하며, 어질고 자비로움이 없어서 효도를 하지 않고 의리가 없느니라."

부처님께서 계속하여 말씀하셨습니다.

"어머니가 아이를 가져 열 달 동안은 일어서고 앉는 것이 매우 불편하여 무거운 짐을 진 것과 같고, 음식이 잘 소화되지 않아서 마치 큰 병든 사람과 같느니라. 달이 차서 아이를 낳을 때도 고통이 심하여 잠깐 동안의 잘못으로 죽게 되지 않을까 하는 두려움에 싸이며, 돼지나 양을 잡은 것처럼 피가 흘러 땅을 적시느니라. 온갖 고통을 이처럼 겪으면서도 이 몸을 낳아서 쓴것은 삼키고 단것은 뱉아 먹이시며 안아주고 업어서 기르신다. 더러운 것은 깨끗하게 씻어주고 더운 것도 참고, 추운 것도 참아가며 온갖 고생마다하지 않으신다. 마른 자리는 자식을 뉘어주고 자신은 젖은 곳에 누우며, 3년 동안 어머니의 젖을 먹고 자라서 나이가 들어 마침내 성년이 된다. 그러면 예절과 의리를 가르치거나 시집 장가를 보내며, 벼슬하기 위하여 공부도 시키고 직업도 갖게 하느니라.

이렇게 애써 가르쳐도 은혜로운 정이 끊겼다고는 말할 수 없다. 아들 딸이 병이라도 들게 되면 부모님 또한 병이 생기며, 자식의 병이 나으면 자애로운 어머니의 병도 나으신다. 이와 같이 하루빨리 어른이 되기를 바라신다."

부처님께서 계속 말씀하셨습니다.

"이윽고 자식이 다 자란 뒤에는 도리어 불효를 행한다. 부모와 함께 이야기를 나눌 때 마음에 맞지 않는다고 눈을 흘기고 눈동자를 부릅뜬다. 큰 아버지와 작은 아버지도 속이고 형제간에 서로 때리고 따르지 않고, 부모님의 가르침과 지시도 도무지 따르지 않고 형제간의 말도 일부러 어긴다. 출입하고 왕래함에 있어서도 어른께 말씀드리기는커녕 말과 행동이 거칠고 교만하여 매사를 제멋대로 처리한다. 이런 것을 부모가 타이르고, 어른들이 그른 것을 바로 잡아 주어야 하거늘, 어린 아이라고 어여쁘게 생각하여 웃어른들이 감싸주기만 한다.

그래서 점점 커가면서 사나워지고 비뚤어져서 잘못한 일도 반성하지않고 오히려 성을 내게 된다. 또한 어버이를 버리고 나쁜 사람을 벗으로 사귄다. 그러한 나쁜 습성이 굳어지게 되어 몹쓸 계획을 세우며, 남의 유혹에 빠져 타향으로 도망쳐가서 마침내는 부모를 배반하게 된다.

고향과 집을 떠나, 혹은 행상이 되거나 혹은 싸움터에 나가 지내다가 갑자기 객지에서 결혼이라도 하게 되면 이로 말미암아 오랫동안 집에 돌아오지 못한다.

혹은 타향에서 잘못하여 남의 꾐에 빠져 횡액으로 갇히게 되어 억울하게 형벌을 받기도

하며, 감옥에 갇혀 목에 칼을 쓰고 손발에 족쇄를 차기도 한다.

혹은 질병과 우환을 얻어 고난을 당하거나 모질고 사나운 운수에 얽혀 고통과 고난에 배고프고 고달퍼도 누구 하나 보살펴주는 사람이 없다. 남의 미움과 천대를 받아 거리에 나앉는 신세가 되어 죽게 되어도 구해주고 돌봐줄 사람이 없다. 끝내는 죽게 되어 시체는 부풀어 터지고 썩어서 볕에 쬐고 바람에 날려 백골만 뒹굴게 된다. 이렇게 타향땅에 버려져서 친척들과 함께 즐겁게 만나기는 영영 멀어진다.

이렇게 되면 부모는 자식을 뒤쫓아 항상 근심과 걱정으로 산다. 혹은 울다가 눈이 어두워지기도 하며, 혹은 비통하고 애끊는 마음에 기가 막혀 병이 되기도 한다. 혹은 자식 생각에 몸이 쇠약해서 죽기도 하며, 이로 인해 외로운 혼이 원한이 되어서 끝내 잊어버리지 못한다.

혹은 다시 들으니, 자식이 효도와 의리를 숭상하지 않고, 나쁜 무리들과 어울려서 무례하고, 추악하고, 거칠고 사나워져서 무익한 일을 익히기 좋아하고, 남과 싸우며, 도둑질하고, 술마시고 노름을 하며, 여러 가지 과실을 저지른다. 이로 인해 형제에게까지 그 누를 끼치며 부모의 마음을 어지럽게 한다. 아무 일없이 새벽에 집을 나갔다가 저녁 늦게 돌아오는 것도 부모를 걱정하게 한다. 하물며 부모의 생활 형편이 춥고 더운 것에는 조금도 아랑곳하지 않고, 아침 저녁이나 초하루 보름에도 부모를 편히 모실 생각은 추호도 하지 않는다. 뿐만 아니라 부모가 연세 들어 쇠약해져 모습이 보기 싫게 되면 오히려 남이 볼까 부끄럽다고 괄시와 구박을 한다.

혹은 또 아버지가 홀로 되거나 어머니가 홀로 되어 빈방을 혼자서 지키면 마치 손님이 남의 집살이하는 것처럼 여겨 침상과 자리의 먼지나 흙을 털고 닦는 일이 없으며, 부모가 있는 곳에 문안하거나 살펴보는 일이 없다. 방이 추운지 더운지, 부모가 배가 고픈지 목이 마른지 일찍이 알지 못한다. 이리하여 부모는 밤낮으로 스스로 슬퍼하고 탄식을 한다. 혹은 맛있는 음식을 얻으면 이것으로 부모님께 봉양해야 하거늘, 이를 도리어 부끄럽게 여겨 다른 사람들이 비웃는다고 하면서도 혹은 좋은 음식을 보면 이것을 가져다가 처자식에게 주는 것이 추하고 못난 일이건만 부끄럽다 하지 않는다. 또 처첩과의 약속은 무슨 일이든지 잘 지키면서 부모의 말씀과 꾸중은 전혀 어렵고 두렵게 생각지 않는다.

혹은 딸자식이라면 남의 배필이 되어 시집 가게 되는데, 시집가기 전에는 모두 효도하고 순종하더니 결혼을 한 후에는 불효한 마음이 점점 늘어난다. 또한 부모가 조금만 꾸짖어도 원망하면서 제 남편이 때리거나 꾸짖는 것은 참고 달게 받아들인다.

성이 다른 남편쪽 어른에게는 정이 깊고 소중히 대하면서 자기의 육친에게는 도리어 소원(疏遠)하게 대한다.

혹은 남편을 따라서 타향으로 옮겨가게 되면, 부모와 헤어지게 되면 사모하는 마음도 없으며 소식도 끊어지고 편지도 없게 된다. 그리하여 부모는 간장이 끊어지고 오장육부가 뒤집힌 듯하여, 딸의 얼굴을 보고 싶어하는 것이 마치 갈증날 때에 물을 생각하듯 간절하여 잠시도 쉴 새가 없게 된다.

이렇게 부모의 은덕은 한량이 없고 끝이 없

건만 불효의 죄는 이루 다 말할 수 가 없다."

이 때 모든 사람들이 부처님께서 말씀하시는 부모님의 은덕을 듣고 몸을 굽혀 땅에 엎드려 절하였으며, 스스로 부딪쳐 몸의 털구멍마다 모두 피를 흘리며 땅에 기절하여 쓰러졌다. 그리고 한참 후에 깨어나서 큰소리로 부르짖었습니다.

"우리들은 이제야 죄인임을 깊이 깨닫게 되었습니다. 그동안은 아무것도 몰라서 깜깜하기가 마치 밤에 길을 걷는 것 같더니 이제 비로소 잘못된 것을 깨닫고 보니 마음은 괴롭고 아픕니다. 오직 바라옵건대 부처님이시여, 불쌍히 여기시어 구제해 주십시오. 어떻게 하면 부모님의 깊은 은혜를 갚겠나이까?"

제2절 여덟 가지의 깊고 무거운 범음[援喩八種]

이때 부처님께서는 여덟 가지 정중한 범음(梵音)으로 여러 사람들에게 말씀하셨습니다.

"너희들은 마땅히 알아야 할 것이다. 내가 이제 너희들을 위하여 분별해서 설명하리라.

가령 어떤 사람이 왼쪽에 아버지를 메고 오른쪽에 어머니를 메고, 살갗이 닳아서 뼈에 이르고 뼈가 닳아서 골수에 이르도록 수미산을 백천 번 돌더라도 오히려 부모님의 깊은 은혜는 갚을 수가 없느니라.

가령 어떤 사람이 흉년의 액운을 당해서 부모를 위하여 자기의 온 몸을 도려내어 티끌같이 만들어 백천 겁이 지나도록 하여도 오히려 부모님의 깊은 은혜는 갚을 수 없느니라.

가령 어떤 사람이 잘 드는 칼로써 부모님을

위하여 자기의 눈알을 도려내어 부처님께 바치기를 백천 겁이 지나도록 하여도 오히려 부모님의 깊은 은혜를 갚을 수 없느니라.

가령 어떤 사람이 부모님을 위하여 아주 잘 드는 칼로 자기의 심장과 간을 도려내어 피가 흘려 땅을 적셔도 아픔도 말하지 못하고 괴로움을 참으며 백천 겁이 지나더라도 오히려 부모님의 깊은 은혜는 갚을 수 없느니라.

가령 어떤 사람이 부모님을 위하여 아주 잘 드는 칼로 자기의 몸을 좌우로 찔러 이리저리 꿰뚫는 일을 백천 겁이 지나도록 하더라도 오히려 부모님의 깊은 은혜는 갚을 수가 없느니라.

가령 어떤 사람이 부모님을 위하여 몸을 등불삼아 불을 붙여서 부처님께 공양하기를 백천 겁이 지나도록 하여도 오히려 부모의 깊은 은혜는 갚을 수 없느니라.

가령 어떤 사람이 부모님을 위하여 뼈를 부수고 골수를 꺼내며, 또는 백천 개의 칼과 창으로 몸을 쑤시기를 백천 겁이 지나도록 하여도 오히려 부모님의 은혜는 갚을 수가 없느니라.

가령 어떤 사람이 부모님을 위하여 뜨거운 무쇠덩이를 삼켜 온몸이 불타도록 하기를 백천 겁이 지나도록 하여도 오히려 부모님의 깊은 은혜는 갚을 수가 없느니라"

제4장 불효에 대한 과보[果報顯應]

제1절 발심하여 참회하고 닦아야 함[啓發懺修]

이때에 모든 사람들은 부처님께서 말씀하시는 부모님의 깊은 은덕을 듣고 눈물을 흘리고 슬피 울면서 부처님께 여쭈었습니다.

"부처님이시여, 저희들이 이제야 큰 죄인임을 알았습니다. 어떻게 해야 부모님의 깊은 은혜를 갚을 수 있겠습니까?"

부처님께서 제자들에게 말씀하셨습니다.

"부모님의 은혜를 갚으려거든 부모님을 위하여 이 경을 쓰고, 부모님을 위하여 이 경을 읽고 외울 것이며, 부모님을 위하여 죄와 허물을 참회하고, 부모님을 위하여 삼보를 공경하고, 부모님을 위하여 재계(齋戒)를 받아 지니며, 부모님을 위하여 보시(布施)하고, 복을 닦아야 하느니라. 만약 능히 이렇게 하면 효도하고 순종하는 자식이라 할 것이요, 이렇지 못한다면 이는 지옥에 떨어질 사람이니라."

제2절 무간지옥에 떨어지는 고통[阿鼻墮苦]

부처님께서 아난에게 말씀하셨습니다.

"불효한 자식은 몸이 무너져 목숨을 마치게 되면 아비무간지옥(阿鼻無間地獄)에 떨어

지느니라. 이 큰 지옥은 길이와 넓이가 팔만 유순(由旬)이나 되고, 사면에는 무쇠성이 둘러쳐 있고, 그 주위에는 다시 철망으로 둘러쳐 있느니라. 그리고 그 땅은 붉은 무쇠로 되어 있는데 거기서는 불길이 맹렬히 타오르며 우뢰가 치고 번개가 번쩍이느니라. 여기서 끓는 구리와 무쇠 녹인 물을 죄인에게 들어부으며, 무쇠로 된 뱀과 구리로 된 개가 항상 연기와 불을 내뿜는데, 이 불은 죄인을 태우고 지지고 볶아 기름이 지글지글 끓게 되니 그 고통과 비통함은 견딜 수가 없느니라.

그리고 무쇠채찍과 무쇠꼬챙이, 무쇠망치와 무쇠창 그리고 칼과 칼날이 비와 구름처럼 공중으로부터 쏟아져 내려 사람을 베고 찌른다. 이렇게 죄인들을 괴롭히고 벌을 내리는 것을 여러 겁이 지나도록 하여 고통을 받게

하는 것이 그칠 새가 없느니라.

또한 이 사람을 다시 다른 지옥으로 데리고 가서 머리에 화로를 이고 무쇠수레로 사지를 찢으며, 창자와 살과 뼈가 불타고 하루에도 천만 번 죽고 살게 한다. 이렇게 고통을 받는 것은 모두 전생에 오역(五逆)의 불효한 죄를 저질렀기 때문이다."

제3절 부모님의 은혜를 갚는 길[上界快樂]

이 때 모든 사람들이 부처님께서 부모님의 은덕을 말씀하시는 것을 보고 눈물을 흘리고 슬피 울면서 부처님께 여쭈었습니다.

"저희들이 이제 어떻게 해야 부모님의 깊은 은혜를 갚을 수 있겠습니까?"

이에 부처님은 제자들에게 말씀하셨습니다.

"부모님의 은혜를 갚고자 하거든 부모님을 위하여 이 경전(經典)을 다시 펴는 일을 한다면 이것이 참으로 부모의 은혜를 보답하는 것이다. 경전 한 권을 펴내면 한 부처님을 뵈옵는 것이요, 열 권을 펴내면 열 부처님을 뵈옵는 것이요, 백 권을 펴내면 백 부처님을 뵈옵는 것이요, 천 권을 펴내면 천 부처님을 뵈옵는 것이요, 만 권을 펴내면 만 부처님을 뵈옵는 것이니라.

이렇게 한 사람은 경을 펴낸 공덕으로 모든 부처님들이 오셔서 항상 옹호해 주시는 까닭에 이 사람이 부모로 하여금 천상에서 태어나게 하여 모든 즐거움을 받으며 지옥의 괴로움을 영원히 벗어나게 된다."

제3편 부처님께 맹세[流通分]

제1장 불법을 수호하는 여덟 신장들[八部誓願]

이때 여러 사람 가운데 아수라·가루라·긴나라·마후라가·인비인(人非人)·천룡(天龍)·야차·건달바와 또 여러 작은 나라의 왕들과 전륜성 왕과 모든 사람들이 부처님의 말씀을 듣고 각각 이렇게 발원했습니다.

"저희들은 앞으로 세상이 다하도록 차라리 이 몸이 부숴져 작은 먼지같이 되어서 백천 겁을 지낼지언정 맹세코 부처님의 가르침을 어기지 않겠습니다.

또 차라리 백천 겁 동안 혀를 백유순(百由旬)이 되도록 뽑아내 이것을 다시 쇠보습으로 갈아서 피가 흘러 내를 이룬다 해도 맹세코 부처님의 가르침을 어기지 않겠습니다.

또 차라리 백천 자루의 칼로 이 몸을 좌우로 찌르더라도 맹세코 부처님의 가르침을 어기지 않겠습니다.

또 차라리 쇠그물로 이 몸을 얽어서 백천 겁을 지나더라도 부처님의 거룩하신 가르침을 어기지 않겠습니다.

또 차라리 작두와 방아로 이 몸을 썰고 찧

어서 백천만 조각을 내어 가죽과 살과 힘줄과 뼈가 모두 가루가 되어 백천 겁을 지나더라도 끝까지 부처님의 가르침을 어기지 않겠습니다."

제2장 이 경의 명칭[佛示經名]

이 말을 듣고 아난이 부처님께 여쭈었습니다.

"부처님이시여, 이 경을 무엇이라 이름하며 어떻게 받들어 지녀야 합니까?"

부처님께서 아난에게 말씀하셨습니다.

"이 경은 《대보부모은중경》이라 할 것이며 이렇게 이름을 지어 너희들은 항상 받들어지녀야 한다."

제3장 하늘과 사람이 받듦[人天奉持]

이때 모든 사람 가운데 천(天)과 인(人)과 아수라 등이 부처님의 말씀을 듣고 모두 크

게 기뻐하면서 그대로 행할 것을 맹세하고
예배하고 물러갔다.

◇부모 은혜에 보답하는 진언[報父母恩重眞言]
나무 사만다 못다남 옴 아아나 사바하

◇ 극락세계에 태어나기를 바라는 진언[往生眞言]
나무 사만다 못다남 옴 신데율이 사바하

불설대보부모은중경(佛說大報父母恩重經) 끝

◆무비(如天 無比)스님

·전 조계종 교육원장
·범어사에서 여환스님을 은사로 출가
·해인사 강원 졸업
·해인사, 통도사 등 여러 선원에서 10여년 동안 안거
·통도사, 범어사 강주 역임
·조계종 종립 은해사 승가대학원장 역임
·탄허스님의 법맥을 이은 강백
·화엄경 완역 등 많은 집필과 법회 활동

▶저서와 역서
『금강경 강의』, 『보현행원품 강의』, 『화엄경』, 『예불문과 반야심경』,
『반야심경 사경』 외 다수.

부 모 은 중 경

초판 10쇄 인쇄 · 2020년 1월 20일
초판 10쇄 발행 · 2020년 1월 25일
편 저 · 무비 스님
펴낸이 · 이규인
편 집 · 천종근
펴낸곳 · 도서출판 窓
등록번호 · 제15-454호
등록일자 · 2004년 3월 25일

주소 · 서울특별시 마포구 대흥로4길 49, 1층(용강동, 월명빌딩)
전화 · 322-2686, 2687 / 팩시밀리 · 326-3218
e-mail · changbook1@hanmail.net
홈페이지 · (http://www.changbook.co.kr)

ISBN 89-7453-115-1 03220
정가 5,000원

*파손된 책은 구입하신 서점이나 《도서출판 窓》에서 바꾸어 드립니다.
☞ 염화실(http://cafe.daum.net/yumhwasil)에서 무비스님의 강의를
  들을 수 있습니다.

¤ "무량공덕" 시리즈는 계속 간행됩니다.

☆ 법보시용으로 다량주문시
특별 할인해 드립니다.

☆ 원하시는 불경의 독송본이나
사경본을 주문하시면 정성껏
편집·제작하여 드립니다.